Este libro es dedicado a mis hijos- Mikey, Kobe y Jojo.

Copyright © Grow Grit Press LLC. Todos los derechos reservados. Ninguna parte de este libro puede ser reproducida en ninguna forma sin el permiso por escrito de la editorial. Por favor, envíe solicitudes de pedido al por mayor a info@ninjalifehacks.tv Impreso y encuadernado en los Estados Unidos. NinjaLifeHacks.tv
Paperback ISBN: 978-1-63731-524-8
Hardcover ISBN: 978-1-63731-525-5

La Ninja de la Integridad

Se honesto

Por Mary Nhin

Fue mi tercer y último intento de marcar desde la línea de tres puntos. Apunté, me agaché un poco y lancé el balón. Rebotó del tablero, rodó alrededor del canasto, y fallé el tiro.

—No estaba mirando. ¿Anotaste? —preguntó el entrenador.
¡Sí, entrenador! —dije sin pensar.

Más tarde, nuestra maestra de arte nos dijo que podíamos tomar prestado uno de sus libros si teníamos cuidado con ellos. Prometí que lo haría y tomé mi libro favorito lleno de fotos de hermosas pinturas. ¡Oh, como me gustaría poder pintar así!

Nuestra tarea era pintar un paisaje. Podría ser cualquier paisaje, pero la maestra quería que lo dibujáramos de nuestra imaginación.

En casa, busqué cuidadosamente el libro. ¡Este! Pensé, felizmente. Encontré una imagen con un volcán soplando en el centro. Un pueblo estaba a un lado, y el mar se podía ver detrás del volcán.

Entonces, tuve una idea. Tomé una hoja de papel y la puse sobre la imagen.

Presionando firmemente, delinee todo el paisaje: el volcán, el amplio paisaje, el pequeño pueblo. Y finalmente, delinee el mar detrás del volcán.

¡Por fin! Tenía un buen paisaje para colorear y ponerme a trabajar.

Tomé el libro de la maestra y le mostré la foto a la Ninja Humilde.
La Ninja Humilde parecía triste.

Me puse roja como un tomate. No pensé que alguien se diera cuenta. La Ninja Humilde levantó el libro, pasando la página.

Habío presionado tan fuerte con mi lápiz que la página debajo estaba marcada con marcas profundas.

Prometiste cuidarlo.

Al día siguiente, llevé mi foto a la clase. No fue muy buena, pero fue emocionante. Se estableció en el espacio, en un planeta naranja con tres lunas y dos soles.

La gente tenía aletas en lugar de manos y pies y vivían bajo el agua.

También traje el libro dañado.

Se lo mostré a la maestra y le prometí que iba a reemplazarlo ese fin de semana. Usaría algunos de mis ahorros para hacer lo correcto. La maestra estuvo de acuerdo en que estaría bien.

Después, durante el receso, fui a buscar al entrenador.

¡Entrenador! Queria explicarle que...

Me sentí aliviada. Y me gusto decir la verdad.

¡Mantener tus promesas y ser honesto podría ser su arma secreta en la construcción de tu superpoder de integridad!

¡Visita ninjalifehacks.tv para obtener imprimibles divertidos gratis!

 @marynhin   @officialninjalifehacks
#NinjaLifeHacks
Mary Nhin   Ninja Life Hacks

Ninja Life Hacks

@officialninjalifehacks

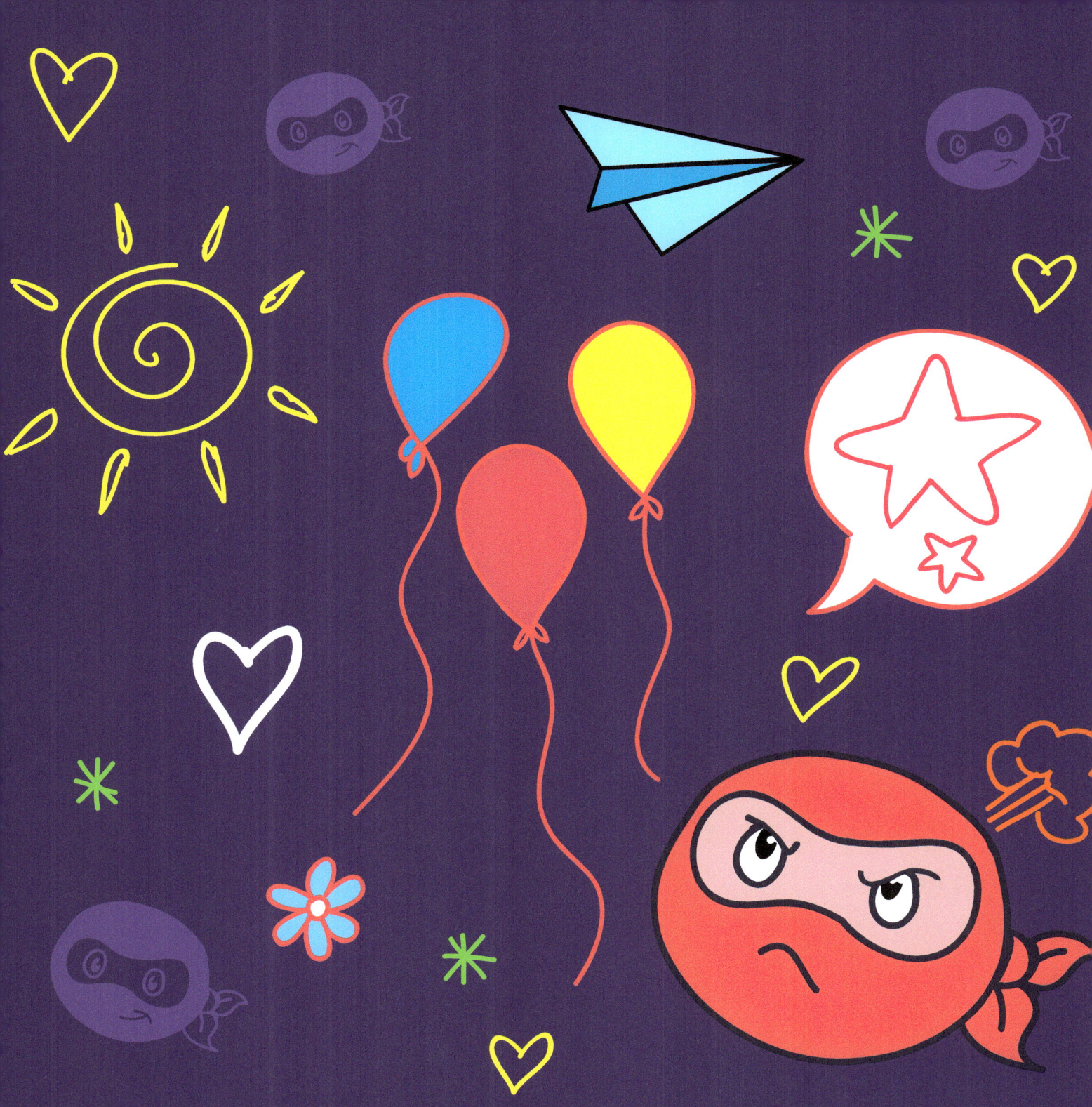